ÉTUDE

SUR LES

RÉFORMES PROPOSÉES

A LA

LOI DU 26 JUILLET 1873

PAR

M. ÉDOUARD VIVIANI

OFFICIER D'ACADÉMIE

ALGER

IMPRIMERIE DE L'ASSOCIATION OUVRIÈRE P. FONTANA ET Cⁱᵉ.

Rue des Trois-Couleurs, 1.

1885

ÉTUDE

SUR LES

RÉFORMES PROPOSÉES

A LA

LOI DU 26 JUILLET 1873

PAR

M. ÉDOUARD VIVIANI

OFFICIER D'ACADÉMIE

ALGER

IMPRIMERIE DE L'ASSOCIATION OUVRIÈRE P. FONTANA ET Cie.

Rue des Trois-Couleurs, 1.

1885

ÉTUDE

SUR LES

RÉFORMES PROPOSÉES

A LA

LOI DU 26 JUILLET 1873 [1]

La facilité et la sécurité des transactions immobilières constituent le premier élément de la richesse d'un pays. Plus la terre circule, et se mobilise, et plus les procédés de mise en rapport se perfectionnent et plus augmentent aussi la production et le bien-être.

Il suffit de jeter un simple coup d'œil sur la France de 1788 et de la comparer à celle de nos jours pour rendre saisissable cette vérité économique, et c'est pour l'avoir méconnue en Algérie, que la conquête a été aussi sanglante, que la colonisation a si lentement progressé et que les résultats obtenus ne sont point en rapport ni avec les sacrifices de la mère-patrie, ni avec les énergiques et prodigieux efforts de sa vaillante et laborieuse population.

Nous avons trouvé, en 1830, la régence d'Alger constituée en un domaine immense de main

---

[1] Une grande partie de cette Étude a paru dans le journal l'AKHBAR, du 21 février au 2 avril 1885.

morte qui avait son suzerain et ses seigneurs et sous-seigneurs féodaux. Au lieu de jeter à terre cet édifice vermoulu, en retard de huit siècles sur notre civilisation, nous nous sommes empressés de le consolider en prohibitant l'aliénation et même la location des terres arabes aux européens. Nous avons érigé en système cet état de choses sur les ruines duquel nos pères ont fondé la France de 1789, et lui ont permis de faire en cent ans mille fois plus de progrès qu'elle n'en avait accompli en dix-huit siècles.

Aussi qu'est-il arrivé ? Les indigènes sont morts de faim et de misère sur les immenses espaces qu'ils détenaient, ne pouvant les mettre en rapport faute de bras et de crédit. La colonisation est restée souffreteuse, et longtemps les meilleurs esprits ont désespéré de la voir s'acclimater.— Dans l'espérance de tuer tout à fait ce corps anémié, les bureaux arabes, tout puissants à la Cour impériale, ont inventé le Sénatus-Consulte du 22 avril 1863, qui constituait, il est vrai, la propriété indigène, mais au prix énorme de l'abandon complet et sans compensation des droits incontestables de l'Etat sur la majeure partie des terres indigènes.

En constituant les indigènes propriétaires de terres dont ils n'avaient que la jouissance, on espérait en avoir fini avec les colons, et avoir créé le royaume arabe. Il suffit de lire la lettre impériale du 6 février 1863 pour se convaincre que nous n'évoquons pas de vains fantômes, et que nous n'exagérons en rien les intentions du gouvernement d'alors. L'application de ce Sénatus-Consulte fut suspendue en septembre 1870, et cette œuvre néfaste du législateur imperial fut remplacée par la loi du 26 juillet 1873, dont la mise en mouvement actuellement suspendue par le manque de fonds, a révélé certaines imperfections de détail auxquelles un projet déposé sur le bureau du Sénat le 4 décembre 1884, tend à remédier.

C'est une justice que l'on ne saurait refuser de rendre au Gouverneur général actuel d'avoir placé au premier rang de ses préoccupations la constitution définitive de la propriété indigène — il a mis à la recherche d'une formule pouvant rapidement réaliser cette œuvre si féconde en résultats, une passion dont on ne saurait trop le louer.

Pensant, avec juste raison, qu'il convenait de consulter les hommes spéciaux, et de donner la parole aux élus du pays, il a, en peu de temps, réuni les documents les plus propres à faire la lumière sur la question. De ces documents, de ces discussions intéressantes qui ont eu lieu dans les Conseils généraux, au Conseil du Gouvernement, au Conseil supérieur, se sont dégagées des vérités saisissantes qui montrent sous leur vrai jour de quelle façon, inconsciente ou non, le gouvernement de 1863 a, d'un seul trait de plume, abandonné les droits du pays, et fait litière des intérêts de la France.

Avant d'étudier, dans son ensemble et dans ses détails, le projet de réforme soumis actuellement au Parlement, nous croyons qu'il ne sera pas sans intérêt de remonter à l'origine de la question, et de rechercher ce qu'était réellement la propriété en Algérie au moment de la conquête ; quels étaient, au juste, les droits respectifs des indigènes occupant le sol et ceux de l'Etat. On pourra ainsi mieux apprécier la loi de 1873, et la réforme projetée.

I

Tout l'intérêt de la démonstration que nous allons essayer de faire se trouve circonscrit dans cette double question :

Y avait-il, en Algérie, deux propriétés indigènes, dissemblables par leurs origines, leur nature et les effets juridiques qu'elles produisaient ?

Si oui, quels étaient leur régime et les droits que chacune de ces deux propriétés engendrait ?

On doit admettre, avec d'autant moins de difficultés, que la première forme générale revêtue par la propriété musulmane en Algérie a été le communisme, que nous avons trouvé ce système dominant au moment de la conquête, et qu'il est encore debout partout où le Sénatus-Consulte de 1863, ou la loi de 1873, n'ont pas été appliqués. Du reste, cette forme est toujours celle qu'affecte la propriété chez les peuples primitifs. N'est-ce pas elle qui a régné à Rome jusqu'à Numa ? N'a-t-elle pas été pratiquée en Gaule par les Germains ? Cette forme est, il faut le reconnaître, adaptée aux nécessités des époques troublées et violentes, car elle seule permet la forte et nécessaire constitution de la famille et la possibilité de défendre par les armes ce qui n'a été qu'une conquête des armes.

Mais, au fur et à mesure de l'adoucissement des mœurs, et alors que l'arbitrage de la loi tend à se substituer à celui de la violence et de la force, la propriété se dégage de l'étreinte de l'indivision, elle se morcelle et constitue des patrimoines distincts ayant pour origine le patrimoine commun. Mais cette désagrégation, qui seule donnera à la propriété son caractère naturel, s'opérera plus ou moins lentement et conférera des droits plus ou moins étendus aux particuliers. Les circonstances particulières, les nécessités politiques influeront sur cette organisation de la propriété dont les conditions essentielles sont la paix, la sécurité, la liberté.

Cette désagrégation s'est-elle opérée chez les Indigènes ? Ce que nous avons trouvé en 1830, ce que nous constatons même au moment présent, nous permet de répondre que la règle générale est le communisme, l'exception, la propriété individualisée. Sur ce point, il ne paraît pas que le doute soit possible.

Mais quel est, au juste, le caractère de ce communisme ? Implique-t-il des droits réels au profit des individus ou d'une collectivité ? Ne constitue-t-il, au contraire, qu'un simple droit de jouissance ? C'est ce qu'il convient de rechercher.

Lorsque les premiers organisateurs de la colonie se sont occupés des terres possédées par les Indigènes, ils ont été frappés, tout d'abord, des divers vocables qui servaient à désigner la propriété. « Blad Essabega, Blad Elarch, Melk, » telles étaient les appellations qui revenaient le plus souvent. Et alors, ils se sont tout naturellement demandé si ces désignations diverses servaient toutes à désigner la même chose, ou si, dans la différence des termes, il ne fallait pas voir une différence dans la nature même du droit. En étudiant plus attentivement la manière de se comporter des diverses catégories de propriétaires vis-à-vis de leur propriété, l'administration se rendit compte que les terres arch ou sabéga, d'un côté, et les terrains melk, de l'autre, servaient à désigner deux propriétés existant côte à côte, mais distinctes entre elles par les droits qu'elles conféraient à leurs propriétaires, et par la nature des effets qu'elles produisaient.

Le possesseur de la terre melk vivait bien dans l'état de communisme, mais l'indivision était familiale, il avait sur sa propriété, suivant les typiques expressions romaines, « l'usus, le fructus et l'abusus. » Il pouvait transmettre à titre onéreux et à titre gratuit en se conformant aux règles de la législation musulmane. Ses droits étaient placés sous la protection de la justice, et échappaient au dur arbitraire administratif de l'époque turque. Toute contraire était la condition du possesseur des terres arch ou sabega. Il vivait, lui aussi, à l'état de communisme, mais l'indivision le rattachait non plus exclusivement aux personnes de sa famille, mais à tous les membres de la tribu. Il avait l'usage de la terre, la propriété des fruits qu'elle produisait, mais il n'avait pas la libre disposition du sol, et son interdiction d'aliéner à titre onéreux s'étendait jusqu'à la prohibition de se substituer un autre usager pour la mise en culture de la terre. Il était tenu de faire fructifier le sol par lui-même, ou par les membres de sa famille, et le retour en friche de sa terre était son arrêt de dépossession. Il pouvait transmettre, par succession, le droit limité de jouissance que nous venons d'indiquer, mais cette succession avait des règles différentes de la succession ordinaire qui régissait les biens melk, et entre autres dérogations, la femme était exclue, comme à une autre époque et dans un autre pays, elle était mise hors du partage de la terre salique, cette propriété de la conquête germaine par excellence.

Enfin, et c'est ici que la différence — j'allais dire l'abîme — qui séparait les deux catégories de terre s'accentuait avec plus d'énergie. Le blad el arch, était régi administrativement, et toutes les difficultés qui s'élevaient entre possesseurs, même celles relatives au règlement de leurs successions, étaient examinées et résolues non par le cadi, mais par une délégation du pouvoir administratif : la Djemâa.

Ces dissemblances si profondes entre elles que le melk est l'opposé de la terre arch, accusent bien deux propriétés distinctes. L'une complète, absolue avec tous les attributs qui distinguent le vrai propriétaire, attributs sans lesquels son droit ne serait pas : L'autre, portant seulement sur un droit d'usage limité à la famille, et n'ayant d'autre assiette légale que celle tirée de l'occupation effective et de la mise en rapport du sol. La dualité de deux propriétés coexistantes, mais ne se confondant pas l'une avec l'autre, telle est l'incontestable vérité sur la condition des terres indigènes en Algérie, vérité que malgré toute leur bonne volonté, n'ont certainement pas ignoré les bureux arabes.

Cette situation obligeait, ce nous semble, l'Etat à rechercher le caractère de la jouissance et à déterminer les droits de la nue propriété. S'il s'y était appliqué, nuls doutes que la confusion eût immédiatement cessé, et que par une transaction légale, équitable et possible, puisque deux droits contradictoires étaient en présence, il n'eût amené cette constitution ferme et définitive de la propriété indigène que nous essayons de

réaliser aujourd'hui. Au lieu d'une nette déci-
sion, l'administration de 1844 préféra léguer les
difficultés d'appréciation et d'application aux
générations futures, et crut ne pouvoir mieux
faire pour sauvegarder les intérêts de l'Etat que
de mettre son veto sur l'aliénabilité des terres
arch ! Mais si les droits de l'Etat ne se trouvaient
pas compromis, une mesure aussi grave était de
nature à retarder l'essor de l'Algérie vers ses
destinées économiques, et condamnait fatalement à la ruine les populations rurales indigènes.

L'épouvantable famine de 1866, tel est le té-
moin accusateur à l'aide duquel on peut juger le
système.

L'interdiction d'aliéner en territoire de tribus,
édictée par l'ordonnance de 1844 et renouvelée
dans l'article 14 de la loi du 16 juin 1851, fût
levée, en principe, par le Sénatus-Consulte du
22 avril 1863, mais la liberté de transmettre fut
soumise à certaines conditions que nous exami-
nerons à leur place. Mais, en transformant un
droit précaire en un droit de propriété, le législa-
lateur impérial n'a pas tranché la question et
n'a pas indiqué à qui appartenait la nue propriété du sol dont les membres des tribus
n'avaient que la possession subordonnée à la
jouissance effective. N'a-t-il pas osé le dire de
crainte de faire l'éclatante démonstration de la
spoliation des droits de l'Etat consacrée par une
loi et de soulever, malgré l'asservissement du
pays, un immense cri de réprobation ? N'a-t-il
été, cet étrange législateur, qu'ignorant et in-
conscient ? C'est ce que nous croyons inutile de
rechercher, car cela importe peu actuellement.

L'Algérie était, à cette époque, rayée des con-
trôles du suffrage universel, elle n'avait ni Con-

seils municipaux élus, ni l'ombre même d'une représentation départementale : son administration était entre les mains de ses pires ennemis ; sa presse, peu préparée à l'étude des questions économiques, par le régime de compression exagérée, était muette : le territoire des tribus était soigneusement fermé, et le Sénat ne renfermait pas une seule indépendance, tellement il avait été trié parmi les complices du régime. Qui donc aurait pu faire entendre une parole de vérité ? Qui donc eût pu éclairer la France sur la nature de ses droits ?

Donc la question est restée entière : elle n'a été ni abordée, ni résolue. Il convient aujourd'hui de l'élucider, non pour faire entendre de vaines et inutiles récriminations, mais afin de déterminer et le caractère des droits abandonnés, et l'économie du Sénatus-Consulte de 1863, et de mettre ainsi à l'abri des attaques et de la conspiration d'une certaine école les droits légitimes dont l'administration est investie, de faire procéder par ses agents à l'examen des droits de jouissance de chaque indigène, et de prononcer souverainement sur les difficultés relatives à l'attribution des lots de terre aux membres des douars.

II

Nous venons de faire la démonstration de la coexistence de deux propriétés différentes, et le caractère essentiellement précaire de la prétendue propriété des indigènes sur les terres possédées par eux au titre arch. Nous engageons tous ceux dont la bonne foi, par trop robuste, résisterait à cette démonstration de lire la lettre de l'Empereur au maréchal Pélissier — 6 février 1863 — et le rapport fait au Sénat par le général Allard, et il nous paraît impossible que le doute puisse ensuite continuer à subsister dans leurs esprits, à moins de fermer volontairement les yeux à la lumière. Ces deux complices, et après eux M. Casabianca, rapporteur du projet du sénatus-consulte du 22 avril, ont été obligés de reconnaître que tous les droits des indigènes se bornaient à une jouissance mal définie. Nous verrons plus tard à l'aide de quels misérables sophismes ils sont arrivés à conclure de ce droit précaire à un droit incommutable.

Puisque les membres des tribus n'avaient que la jouissance des terres, il faut bien se demander à qui appartenait la nue propriété de celles-ci. Une fois les deux droits établis et mis en présence, la conclusion se fera d'elle-même.

La tribu, appliquant les coutumes locales peu variées entre elles, faisait la répartition des terres entre tous ses membres. En fait, chaque famille cultivait annuellement les mêmes territoires qu'elle se transmettait héréditairement entre mâles. Mais nous rappelons, car c'est là un point fort essentiel, que le droit de la famille était rigoureusement subordonné à la mise en culture du sol qui lui était attribué dans la répartition, et que la terre restée en friche faisait retour à la communauté. Le pouvoir de la tribu était donc limité à la répartition des terrains de culture, et son contrôle se bornait à faire respecter les conditions sous l'empire desquelles chaque famille pouvait jouir de son lot. Les droits de la tribu n'allaient pas au delà. Elle n'était pas personne morale, ne possédait aucun domaine à elle, et cette pleine pro-

priété, qui n'était pas l'apanage de ses membres,
ne lui appartenait pas davantage. Elle disposait,
dans une certaine mesure, de la jouissance, jamais
de la propriété. Pas plus que les individus, elle
n'avait la disposition du sol, et ne pouvait l'a-
liéner.

Si donc la tribu n'avait pas le domaine éminent,
à qui donc pouvait appartenir celui-ci, si ce n'est
à l'Etat, c'est-à-dire au 5 juillet 1830, au gouvernement du Dey d'Alger, avec lequel la France
a traité, et duquel, au point de vue politique, elle
tient ses droits de l'Algérie. Que nous le vou-
lions ou non, nous sommes bien les héritiers de
ce gouvernement. C'est là un point de fait, une
page d'histoire. Nous devons respecter tous les
droits acquis vis à vis de ce gouvernement : nous
devons faire respecter tous ceux qu'il avait entre
ses mains. Ceci nous paraît être une incontestable
vérité.

Or, la nue propriété des terres jouies par les
indigènes des tribus, collectivement entre eux,
était parmi ces droits cédés à la France, pâr le
chef vaincu de la régence d'Alger.

De qui le gouvernement du dey tenait-il lui-
même ce droit ? Faut-il dire qu'il dérivait exclusivement d'une brutale conquête mettant à la
discrétion du vainqueur la vie et la fortune du
malheureux conquis ? N'appartenait-il pas à cette
idée romaine qui consistait à conserver entre les
mains du peuple roi, le « dominium » des terres
provinciales afin de légitimer l'impôt foncier et la
confiscation ? N'était-il pas l'application d'une des
règles de la loi islamique qui fait le sultan maître
et seigneur de tout et de tous ? Il nous paraît peu facile de déterminer l'origine de ce droit
de radicale suzeraineté qui est peut-être un com-

posé de trois éléments dont nous venons de parler. Et cependant, si en l'absence de tous documents et de toutes traditions, il était possible
d'émettre une opinion personnelle sur cette question intéressante de l'histoire et des institutions
de notre colonie, nous pencherions vers cette
opinion que les musulmans ont continué les errements de Rome, et maintenu, avec une certaine aggravation, la rétention au profit de l'Etat
de ce « dominium » qui donnait à la propriété pro-
vinciale un caractère d'infériorité sur la terre ita-
lique. — Mais ce serait là nous égarer sur un
terrain ardu, et cela sans une utilité bien pratique
pour le sujet que nous avons pris à tâche de
traiter.

Du reste, quelle que pût être la source de ce droit
de nue propriété, il n'en existait pas moins en
Algérie en faveur de l'Etat, au moment de la
conquête, et ce droit devait avoir un caractère si
absolu, que la constitution de la propriété individuelle, par son abandon, paraissait être contestée
au chef du gouvernement, nous voulons en donner une demi-preuve. On sait que la propriété
melk a deux origines distinctes : celle des au-
tochtones envahis et dépossédés par l'invasion.
(Toute la grande Kabylie est ainsi constituée), et
celle musulmane provenant du don des Deys, et
affranchie par eux du tribut. Or, le duc d'Aumale a
fait connaître un détail d'une importance considérable au sujet de cette catégorie de propriété privée. Lorsqu'il fut nommé Gouverneur général de
l'Algérie, on lui présenta un grand nombre de
titres, dont quelques-uns remontaient à plus d'un
siècle, constatant la concession de melk, en le
priant d'y apposer son cachet à côté de ceux de
ses prédécesseurs, et des Deys d'Alger. Les pro-

priétaires ne reconnaissaient-ils pas, et ce par tradition, que leur propriété était entachée de précarité, et ne pourrait-on argumenter que le pouvoir de renonciation du chef de l'Etat était au moins contestable ?

Ce que le gouvernement impérial a fait de ce droit à la nue propriété, nous le savons ; mais il ne sera pas sans intérêt de dire quels sont les sophismes qui ont servi de prétextes à sa désertion :

« Le droit, m'objectera-t-on — écrivait l'Em-
» pereur le 6 février 1863 — n'est pas du côté
» des Arabes ; le Sultan était autrefois proprié-
» taire de tout le territoire, et la conquête nous
» l'a transmis au même titre ! Eh quoi ! L'Etat
» s'armerait des principes surannés du maho-
» métisme pour dépouiller les anciens posses-
» seurs du sol, et, sur une terre devenue fran-
» çaise, il invoquerait les droits despotiques du
» grand turc ! Pareille prétention est exorbitante,
» et voulut-on s'en prévaloir, il faudrait refouler
» toute la population arabe dans le désert... »
Tel est le thème, sur lequel MM. Allard et Casabianca ont exécuté des variations, et qui, en définitive, a servi de base au Sénatus-Consulte.

La convention du 5 juillet 1830 nous obligeait au respect de la religion et des propriétés, et cette clause n'eût-elle pas été écrite, qu'elle s'imposait à nous. Nous étions tenus à la sauvegarde de tous les droits acquis ; mais, qui oserait soutenir que la capitulation pouvait créer aux conquis des droits qu'ils n'avaient pas ! Nous héritions d'un domaine éminent, dont les sources étaient tout au moins obscures et conjecturales, et nous ne devions respect qu'aux droits de jouissance d'indigènes qui n'étaient pas, comme l'affirme la lettre

de 1863, des conqnis, mais bien les descendants
des spoliateurs. Et ce droit n'avait rien de contraire ni aux principes de l'humanité et de notre
civilisation : il ne violait aucune de nos lois,
et ne violentait en rien notre conscience — nous
pouvions le garder sans le moindre scrupule,
sans le moindre remords et sans la moindre
honte, parmi tous ceux dont la conquête nous
avait fait héritiers.

Est ce à dire qu'il fallait consacrer et éterni-
ser cet état de choses ? Non, car il était la négation de tous les principes économiques, et n'é-
tait qu'un procédé de barbarie — il fallait, au
contraire, le faire cesser et nous sommes de ceux
qui regrettent qu'il ait si longtemps duré, pour
le malheur de la colonie, pour le malheur des
Indigènes surtout.

- Loin de nous, aussi, la pensée de faire cesser
la situation en dépossédant les Indigènes, en re-
foulant « toute la population arabe dans le dé-
» sert…, » car nous eussions violé la convention
de 1830, et nous nous serions déshonorés à nos
propres yeux, en condamnant à une mort sans
appel ce peuple de cultivateurs rudimentaires et
de pasteurs bibliques.

Mais ce que l'on devait faire, ce qu'il était légal et généreux de faire, c'était d'affirmer les
droits incontestables et fort respectables de
l'Etat, et d'en faire la base d'une transaction
avantageuse pour tous. D'un côté, l'Etat renon-
çant à la nue propriété constituait en faveur
des Indigènes la pleine et incommutable propriété ; de l'autre, les membres des tribus abandon-
naient leur jouissance sur une partie des terres
détenues précairement par eux, et dont l'étendue
était hors de proportion avec leur nombre et

leurs besoins (1). Voilà ce qu'il était juste, équitable, rationnel et loyal de faire.

Regrets superflus ! La vision du royaume arabe, les convoitises des grands chefs et des bureaux arabes ont tout perdu. Au lieu d'une sage transaction qui eût sauvegardé tous les droits et tous les intérêts en présence, le Sénatus-Consulte de 1863 a tout jeté par dessus bord, pensant noyer du même coup cette odieuse colonisation. Voilà la vérité, et alors que l'on ne vienne plus parler des droits incontestables des indigènes, et que l'on restitue à l'œuvre du Sénat impérial son vrai caractère.

Le Sénatus-Consulte du 22 avril 1863 fut une loi agraire : un don de prince. Il ne saurait donc être considéré comme déclaratif d'une pleine propriété qui n'existait pas, mais translatif des droits de la nue propriété, réunis, par son fait, à l'usufruit. Comme toute loi agraire, le Sénatus-Consulte de 1863 a un caractère arbitraire.

Cela étant, l'Etat donateur avait le droit de régler les conditions de sa libéralité, et les conditions imposées par lui sont toutes de droit étroit, et doivent être interprétées restrictivement. Parmi celles-ci, deux doivent nous arrêter un instant.

Tout d'abord les indigènes doivent justifier de « la jouissance permanente et traditionnelle » des terres dont ils demandent l'attribution. C'est là la condition de fond et de toutes la plus importante. Elle forme toute l'économie de la loi et est inscrite dans son article 1er. Cette jouis-

---

(1) Le système de cantonnement avait appliqué cette théorie et avait été fort bien accueilli par les Indigènes. Les Indigènes cantonnés n'ont presque pas souffert de la famine de 1866.

sance doit être appréciée suivant les coutumes arabes, celles qu'appliquaient les Djemaâ, car elle manque des caractéres essentiels qui constituent la possession au point de vue des règles du code civil. En second lieu, viennent les opérations de toute nature, relatives à la reconnaissance de ce droit de jouissance, opérations dont l'article 2 · confie la charge à l'autorité administrative.

Ceux qui, les premiers, ont appliqué le Sénatus-Consulte, se sont donné la tâche d'en aggraver les effets désastreux ; dépouillant intentionnellement l'Etat même des biens en déshérence qui sont allés grossir les prébendes de ces anciens sous-seigneurs féodaux, dont la loyale administration actuelle a achevé de nous débarrasser. Dans leur rage anti-française, ils ont été jusqu'à reconnaître une « jouissance permanente et traditionnelle » à des simples locataires de l'Etat sur des terres séquestrées, et à transformer ceux-ci, du jour au lendemain, en propriétaires. Seule, l'Administration des Domaines, malgré les dangers de son attitude, malgré les menaces à peine déguisées des généraux, a fait courageusement son devoir et a résisté avec une rare énergie. Elle a empêché, dans la limite de ses forces, que l'application frauduleuse de la loi agraire ne fît à l'Etat un plus grand mal. C'est un hommage que nous sommes heureux de lui rendre.

C'est plutôt contre cette aggravation voulue du Sénatus-Consulte de 1863, que contre les principes de ce Sénatus-Consulte lui-même, qu'a été faite la loi du 26 juillet 1873.

Tout en déplorant l'abandon gratuit et sans compensation des droits de l'Etat, il n'est aucun algérien qui demande de revenir en arrière.

Constituons donc la propriété individuelle sur

les principes du Sénatus-Consulte, et appliquons équitablement la loi. Nous ne voulons pas enfermer les indigènes dans le Sénatus-Consulte pour les y fusiller, mais nous ne voulons pas davantage que les caractères de la donation soient méconnus, et que par une interprétation judaïque on fusille l'Etat avec le Sénatus-Consulte.

Nous nous résumons :

1° Les Indigènes, possédant au titre arch, n'avaient que la jouissance défectueuse de terres détenues par eux. Le domaine éminent était la propriété de l'Etat, propriété qui était une des conséquences de la convention du 5 juillet 1830.

2° L'Etat, par le Sénatus-Consulte du 22 avril 1863, a abandonné ses droits à la nue propriété, en faveur des membres des tribus, et a ainsi réuni au profit de ces derniers la nue propriété à l'usufruit, mais il a subordonné sa donation à des conditions précises et rigoureuses.

3° Ces conditions sont : 1° la jouissance permanente et traditionnelle de chaque indigène sur le territoire à lui attribuer ; 2° Le droit de l'Etat de faire lui-même la reconnaissance et l'attribution, comme de rester le juge souverain des difficultés.

Nous demandons pardon à nos lecteurs de les avoir retenus aussi longtemps sur le seuil de la discussion ; nous pensons, toutefois, que cette excursion dans le passé était utile afin d'étudier avec fruit la loi de 1873 et la réforme proposée.

III

Le Sénatus-Consulte du 22 avril 1863, ne s'était occupé que des terres arch pour transformer, sous l'apparence de consolidation, un droit précaire en un droit ferme. En ce qui touchait les biens melk, il avait abrogé les dispositions de la loi de 1851 qui en empêchaient l'aliénation, pensant, avec juste raison, que l'indivision familiale étant leur régime de fait empêcherait toute transaction avec la colonie européenne. Aussi laissait-il subsister cette indivision, et montrait, encore par ce côté, quel était le but poursuivi par la faction : supprimer la colonisation en lui enlevant la possibilité de se procurer des terres, soit par la concession de l'Etat, soit par les transactions privées.

La loi du 26 juillet 1873, votée sur le rapport du regretté M. Warnier, a été, nous l'avons déjà dit, une réaction légale contre l'œuvre de 1863 et, aussi, une œuvre éminemment colonisatrice. Le point si intéressant du communisme des biens melk ne pouvait lui échapper, aussi sa disparition forme-t-elle un des éléments essentiels de la loi votée.

L'œuvre de M. Warnier se divise en 3 titres. Dans le premier, nous trouvons l'article 3, dont voici la disposition principale : « La propriété du » sol ne sera attribuée aux membres des tribus » que dans la mesure des surfaces dont chaque » ayant droit a la jouissance effective. » Ainsi se trouvaient fixés le sens et la portée juridique de l'article 1er du Sénatus-Consulte de 1863, et la jouissance utile doit désormais réunir trois conditions : être traditionnelle, permanente et effective. C'étaient bien là les caractères que revêtait la possession des indigènes jusqu'en 1863.

Le titre II comportait deux chapitres. Le 1er, ayant trait à la constatation des biens melk, prescrivait la recherche et l'assiette de la propriété par voie administrative, tout en remettant à l'autorité judiciaire la connaissance de toutes les contestations. Le 2e s'occupait des terres arch, et laissait à l'administration le soin de déterminer les droits de jouissance de chaque individu et de décider souverainement de toutes les difficultés à naître, tant entre les cousufrutiers, qu'entre ceux-ci et l'Etat, en mettant à la charge du budget des centimes additionnels tous les frais nécessités par les diverses opérations prescrites. Enfin, le titre III organisait un système de purge spéciale qui permettait, dans une certaine mesure, l'aliénation des biens melk dont la reconnaissance n'aurait pas encore fait l'objet de la délivrance de titres.

Cette analyse sommaire permet de se rendre compte, sans qu'il soit besoin d'y insister, de l'économie de la loi. Elle embrassait l'ensemble de la propriété rurale indigène, ici pour la constater, là pour la constituer : Elle supprimait l'indivision dans la propriété, comme dans la jouissance, et permettait les transactions sur les terres melk, même avant leur constatation, en créant au profit de l'acheteur un système de garanties. La loi jetait un pont entre le passé et l'avenir, et fondait la propriété française.

Mais, presque dès la première heure, la mise à exécution de la loi souleva de légitimes critiques de forme et de fond. Nous allons examiner les plus importantes de celles-ci, négligeant toutes celles de pur détail.

Tout d'abord, la loi répudiait les appellations séculaires sous lesquelles on était habitué à désigner les terres faisant l'objet d'une propriété complète, et celles sur lesquelles les indigènes n'avaient qu'un simple droit de jouissance. Aux mots melk et arch, ou sabega, le législateur avait substitué les mots de propriété privée et de propriété collective. On se demande, même aujourd'hui, à quelles considérations le rapporteur a obéi, et on ne trouve aucune raison sérieuse pour justifier la substitution des appellations nouvelles aux désignations anciennes. Que les terminologies fussent barbares, nous le concédons, mais enfin elles étaient comprises de tous, avaient leur signification usuelle et juridique, et ne se prêtaient à aucune fausse interprétation.

Nous n'aurions pas retenu cette critique, si par le changement, sans motifs appréciables, des termes acceptés, le législateur n'avait permis de faire une confusion quant au fond, confusion qui a failli compromettre les dernières épaves des droits de l'Etat, ainsi qu'en témoignent les ardentes et vives discussions qui ont eu lieu au Conseil supérieur dans les séances des 5, 6, et 9 décembre 1882. En s'emparant des nouveaux termes, si imprudemment substitués aux anciens, certains membres de la haute assemblée coloniale niaient l'existence de deux propriétés, et soutenaient que le Sénatus-Consulte de 1863, et après-lui, la loi de 1873, ne devaient pas s'entendre comme constituant la propriété collective, mais bien comme la constatant. En d'autres termes, l'Etat n'avait jamais eu de droits sur les terres des tribus.

Nous reviendrons, dans un instant, sur ces discussions dont nous indiquerons les origines et la conclusion.

Cette première critique épuisée, il faut aborder celles de fond de beaucoup plus sérieuses.

Tout d'abord, la loi de 1873 a voulu embrasser trop de détails, et cette extension a nui considérablement à son économie. Le législateur ne s'est pas borné à poser des principes et à transformer ceux-ci en dispositions obligatoires, il a voulu réglementer l'application de ces principes, et mêler le Code civil au Code de procédure. C'était là une grave faute, et le fonctionnement de la Loi n'a pas tardé à s'en ressentir.

On apprécie bien les sentiments qui ont dominé le rapporteur en cette circonstance.

Le décret du 23 mai 1863 avait constitué une aggravation du Sénatus-Consulte : Laisser entre les mains du pouvoir exécutif le droit de faire un nouveau règlement d'administration publique pour l'apptication de la loi nouvelle avait dû paraître dangereux à M. Warnier qui, placé encore trop près du décret de 1863, avait dû être troublé par le souvenir tout récent des scandaleux abus auxquels ce décret avait donné naissance. Pour échapper aux conséquences, d'autant moins problématiques pour lui, d'un nouveau règlement de même genre que c'était le maréchal de Mac-Mahon qui présidait aux destinées de la République, le rapporteur a voulu faire réglementer par la Chambre l'application des dispositions de fond, de façon à ne pas permettre qu'il fût fait mauvais usage de la loi. Ces préoccupations, si légitimes qu'elles fussent, ont été une cause initiale et générale d'affaiblissement pour la loi, à laquelle on a surtout adressé les reproches suivants :

1° Indétermination des membres de la famille pouvant faire valoir un droit de copropriété, ou de cojouissance ;

2° Maintien, en fait, de l'indivision familiale, car pour sortir de celle-ci, il fallait recourir aux ruineuses formalités de la loi, française, frais que la terre indigène n'est pas en état de supporter, en raison de son peu de valeur ;

3° Longueurs inutiles de certains délais ;

4° Maintien implicite de l'interdiction de vendre en pays arch, édictée par l'article 6 du Sénatus-Consulte de 1863.

Nous n'indiquons que ces critiques, nous en passons d'autres, toutes de détail et d'une importance secondaire.

La loi de 1873 paraît n'avoir donné que des résultats médiocres, si on les mesure surtout à l'importance des efforts. Ainsi, à la fin de l'année 1881, 205,891 hectares seulement avaient été constitués, sur 1,528,495 hectares soumis aux opérations depuis la mise en vigueur de la loi, soit en 8 années ; il est peu probable que les purges spéciales du titre 3 aient mis dans la circulation un grand nombre de terrains, et dès lors on peut mesurer avec quelle lenteur la constatation et la constitution de la propriété indigène ont fonctionné.

Certes, il ne faut pas seulement accuser de ce résultat demi-négatif, les imperfections de la loi, et il est à croire que l'inexpérience du personnel employé et le manque de contrôle doivent entrer pour une grande part dans ce mécompte. Quoi qu'il en soit, ces lenteurs soulevèrent des plaintes qui devinrent bientôt si unanimes, que les corps élus se mirent à la tête du mouvement de réforme. Etouffées par le général Chanzy, resté trop officier des bureaux arabes pour ne pas voir d'un œil sec le marasme de la colonie, dédaignées par M. Albert Grévy ; ces plaintes frappèrent M. le gouverneur général Tirman, dès la première heure. Il se promit de satisfaire l'opinion, et résolûment il se mit à l'œuvre.

Une Commission composée de MM. Sautayra, premier président ; Pompeï, procureur général de la Cour d'Appel ; Robe, avocat, auteur du premier commentaire de la loi de 1873, Perrioud, directeur des Domaines, et Vignard, conseiller de Gouvernement, fut nommée pour étudier un plan de réformes et élaborer un projet. Les commissaires ne purent se mettre d'accord, et trois opinions différentes se produisirent. Ce qui séparait surtout les membres de la Commission, c'était la question de savoir s'il existait, ou non, deux propriétés différentes.

Nous avons examiné avec toute l'attention que méritaient les travaux de ces éminents personnages.

Le rapport présenté par M. Perrioud — 12 mars 1882 — est celui qui nous a davantage attiré, par sa justesse de vues et d'appréciations, bien qu'à certains égards nous ne partagions pas les opinions émises par l'honorable directeur du Service des Domaines à Alger. — Auteur d'un commentaire estimé du Sénatus-Consulte de 1863, M. Perrioud, comme membre de diverses Commissions chargées, de 1864 à 1870, d'appliquer l'œuvre du Sénat impérial, avait pu pénétrer dans les détails les plus intimes, et apprécier *in anima vili*. Le titre IV qui traite des partages et licitations nous a davantage frappé, et comporte une série de mesures pratiques sur lesquelles nous comptons bien revenir.

Quelles que fussent leurs profondes divergen-
ces de principes, les cinq commissaires crurent
devoir présenter un projet de loi commun et si-
gné d'eux tous : ce projet, rapporté par M. Sautayra à la séance du Conseil supérieur du 5
décembre 1882, se composait de 4 titres divisés
en 50 articles, et constituait dans son ensemble
une œuvre qui, si elle avait été transformée en
loi, eût été plus dangereuse que le Sénatus-Consulte lui-même. L'on en jugera par les aperçus
suivants :

Constitution d'un tribunal spécial — article 17
— établi dans chacun des trois chefs-lieux de
l'Algérie, chargé de juger en première instance
toutes les réclamations des particuliers contre les
opérations des commissaires-enquêteurs, relative-
ment aux terres collectives. Les décisions de ce
tribunal, composé d'un juge, d'un conseiller de
préfecture, d'un employé des contributions,
étaient portées devant la Cour lorsque le revenu
était supérieur à 200 francs. Ainsi se trouvait
tranchée, à l'aide d'un tribunal aussi mixte
qu'hybride, la question des attributions de terre
réservées exclusivement à l'Administration par
l'Etat donateur, tant dans l'article 2 du Sénatus-
Consulte, que dans l'article 20 de la loi du 26
juillet 1873. Si nous ajoutons que l'article 18
fixait la jouissance utile à 3 ans, en supprimant
la clause, que celle-ci devait être traditionnelle,
nous aurons suffisamment indiqué que le projet
de loi consacrait bien définitivement, bien complètement, la spoliation commencée en 1863, et
arrêtée par la loi de 1873 :

Le projet était muet sur les opérations de
constatation des biens melk ; on ne maintenait
que la purge contenue au titre III de la loi de

1873, purge qui n'avait produit aucun résultat sérieux. Ainsi se trouvait consacrée l'indivision familiale. Nous revenions, en fait, à la prohibition de la loi de 1851.

Le titre IV s'occupait des partages et licitations volontaires ou forcées, pour les soumettre, sauf la très heureuse disposition de la constitution d'un mandataire unique, aux formes, et presque au coûteux tarif des frais de la loi française.

Enfin, on ne s'occupait pas de l'aliénation des biens ayant la délivrance du titre individuel, maintenant ainsi la rigoureuse jurisprudence consacrée par l'arrêt de la Cour d'appel d'Alger du 2 février 1880.

Ce projet fut attaqué avec la plus grande vigueur. M. Bourlier en fut l'adversaire le plus déterminé et le plus éloquent. Après une grande journée consacrée aux débats, le Conseil supérieur avait à choisir entre les solutions suivantes :

Fallait-il abroger, en son entier, la loi du 26 juillet 1873, et la remplacer par une loi nouvelle ? Dans ce cas, l'axe de la discussion se trouvait placé dans le projet de la Commission extra-parlementaire.

Ne convenait-il pas, au contraire, de conserver l'œuvre de M. Warnier, tout en lui faisant subir des modifications essentielles, afin de remédier aux imperfections que son fonctionnement avait révélées ?

Le Conseil supérieur s'arrêta à ce dernier parti, à la majorité de 22 voix sur 28 votants. Une Commission prise dans son sein fut nommée ; elle présenta, à la séance du 9 décembre 1882, une série de réformes qui ont servi de fondement au projet déposé depuis le 4 décembre dernier sur le bureau du Sénat, projet que nous allons étudier, maintenant, dans ses principaux détails.

IV

Le projet de loi « ayant pour objet de modifier » et de compléter la loi du 26 juillet 1873 », a été présenté par le Ministre des finances, mais l'œuvre émane — il est à peine besoin de le dire — du Gouverneur général de l'Algérie. L'exposé des motifs en est magistral, et met vigoureusement en lumière cette existence de la double propriété sur laquelle nous nous sommes appesanti à dessein.

L'historique des essais de constitution de la propriété jusqu'en 1863, y est présenté avec clarté. Le fonctionnement du Sénatus-Consulte et du décret du 23 mai 1863 y est étudié avec précision, et enfin le système de la loi de 1873 y est déduit avec une vigoureuse méthode.

Le but que le législateur se proposait d'atteindre y est ainsi défini :

« Mettre la propriété indigène sous le régime » de la loi française ; — reconnaître et consta- » ter les droits individuels dans les territoires » de propriété privée ; constituer la propriété » individuelle dans les terrains collectifs ; — » dans l'un, comme dans l'autre cas, délivrer aux » ayants droit des titres formant le point de » départ unique de la propriété ; — enfin, à titre » de mesure transitoire, faciliter la transmission » aux Européens des biens de propriété privée » au moyen d'une purge spéciale... »

Tout est à lire dans ce travail remarquable qui

démontré avec quels soins, quels scrupules, quels soucis de la vérité, la question a été étudiée.

Ce document fait le plus grand honneur au Gouverneur général de l'Algérie et aux collaborateurs dont il s'est entouré. Le Parlement se trouve ainsi en possession de renseignements aussi complets qu'importants, lui permettant de s'éclairer sur une matière qui intéresse à un si haut point l'avenir de la colonie.

Dans cette première partie, l'exposé des motifs est, nous le répétons, fort complet, bien qu'ayant poussé jusqu'à son extrême limite la discrétion sur les effets désastreux du Sénatus-Consulte de 1863, et sur les aggravations apportées à son application par les Commissions qui ont fonctionné jusqu'en 1870 Cette discrétion était obligatoire dans un acte de cette nature, car quelles que soient leurs origines, souvent si différentes, les gouvernements qui se succèdent sont héritiers les uns des autres, et par une sorte de regrettable fiction élevée à la hauteur d'un dogme, solidarisent leurs actes. Nous ferons d'autant moins un crime à M. Tirman d'avoir obéi aux exigences de la tradition, que sa démonstration est suffisante pour permettre de se rendre compte de son acceptation de la spoliation de 1863 que sous bénéfice d'inventaire.

La deuxième partie de l'exposé contient, en peu de mots, la synthèse des réformes proposées au Parlement. Celles-ci peuvent logiquement se diviser en deux groupes. Dans le premier nous trouvons les modifications apportées à certains articles de la loi de 1873. Dans le second il est traité du complément à apporter à cette loi par l'adjonction des dispositions nouvelles. C'est dans cet ordre que nous comptons étudier l'œuvre

du Gouvernement général. Mais avant d'en aborder les détails, nous allons essayer de l'esquisser
dans son ensemble.

Les modifications portent : sur l'abréviation
des délais relatifs aux réclamations et aux contestations, ainsi que sur ceux impartis aux tiers,
pour la conservation de leurs droits réels ; — sur
les formalités de purge du titre 3, fort heureusement remplacées par des opérattons matérielles
sur les lieux ; — enfin, sur un remaniement de
l'article 24, relatif aux voies et moyens.

Les articles nouveaux, destinés à compléter la
loi et à lui donner un fonctionnement pratique en
harmonie avec le but poursuivi par la constitution de la propriété : la commerciabilité des terres,
ont trait au partage familial, en nature, des propriétés indivises ; — à l'abrogation de l'article 6
du Sénatus-Consulte de 1863, sur la prohibition
d'aliéner les terres arch avant la délivrance du
titre individuel ; enfin sur le partage ou la licitation
suivant les formes modifiées de la loi française.

On voit, par ce rapide coup d'œil jeté sur l'ensemble du projet de loi, quelle est l'importance
de la réforme proposée. L'économie de cette réforme va mieux ressortir de l'étude critique de
son mécanisme.

Nous avons laissé de côté, comme n'entrant
dans aucune des deux classifications que nous
venons de faire l'article 2 — réellement le 1er du
projet. — Cet article est ainsi conçu :

« Il sera procédé administrativement, et dans
» le plus bref délai, suivant les formes et condi-
» tions qui seront déterminées par un décret,
» aux opérations de délimitation et de réparti-
» tion prévues par les paragraphes 1 et 2 de
» l'article 2 du Sénatus-Consulte de 1863, dans

» toutes les tribus où ces opérations n'ont pas
» été commencées. »

L'article 2 du Sénatus-Consulte, visé ci-dessus,
porte : « Il sera procédé administrativement et
» dans le plus bref délai : 1° à la délimitation
» du territoire des tribus ; 2° à leur répartition
» entre les différents douars de chaque tribu du
» Tell et des autres pays de culture, avec réserve
» des terres qui devront conserver le caractère
» de biens communaux... »

A première vue, il peut paraître aussi étrange
que dangereux de revenir aux dispositions d'une
loi condamnée depuis toujours par la conscience
publique comme une œuvre anti-française et
anti-coloniale. Le souvenir du Sénatus-Consulte
de 1863, et du but qu'il se proposait, peut être
de nature à réveiller des colères mal assoupies,
à faire naître des revendications, et surtout à
engendrer la défiance. Et, cependant, il faut bien
le reconnaître, il était impossible de procéder
autrement, et il ne faudrait pas que la crainte des
mots nous fassent dévier du but.

On ne pourra réellement constituer et asseoir
la propriété individuelle en pays arch, la civiliser
et lui donner un état civil qu'en reconnaissant
les périmètres du territoire de la tribu et du
douar. Le fondement de la pleine propriété aban-
donnée si libéralement par l'article 1er du Sénatus-Consulte, à chaque Indigène, est précisément
sa qualité de membre d'une tribu. Cette qualité
lui donne seule des droits à une attribution. Il
faut donc bien reconnaître l'étendue du sol de la
tribu pour déterminer chaque droit particulier.

La loi du 26 juillet 1873, dans son article 3,
s'en était référée au Sénatus-Consulte de 1863,
pour ces deux premières et fondamentales opéra-

tions préliminaires, bases essentielles de la répartition individuelle. Le projet de loi n'innove rien à cet égard, et il eût été presqu'inutile d'écrire son article 2, si celui-ci n'avait pour résultat de combler une lacune fort importante.

Le Sénatus-Consulte de 1863 avait posé des principes, dont le décret du 23 mai 1863 avait fait l'application. — Ce décret ayant été abrogé et la loi de 1873, tout en s'en référant à l'article 2 du Sénatus-Consulte, n'ayant rien mis à la place du décret de 1863, sur ce point, le gouvernement général se trouvait légalement empêché de continuer la constitution de la propriété en pays arch, et n'était suffisamment armé que pour la constatation de la propriété melk. Suivre la réglementation de ce décret, il ne fallait pas y songer, celui-ci n'existant plus ; faire un règlement d'administration publique, il ne le pouvait, pour cause d'incompétence, de telle sorte que le fonctionnement de la machine se trouvait enrayé. C'est cette lacune laissée à son œuvre par la législation de 1873, que le projet de loi va combler.

Donc l'article 2 du projet pose le principe de l'application des deux premières phrases de l'article 2 du Sénatus-Consulte, et ne commettant pas la faute, source de tant de regrettables confusions, de la loi de 1873, il a renvoyé les règles d'application de ce principe à un décret ultérieur. Avec l'administration actuelle, si franchement, si nettement colonisatrice, on n'a pas à redouter les errements d'un second décret de 1863, ni les surprises de commissions mixtes qui ont traité les biens de l'Etat de la même abominable façon que leurs homonymes de sinistre mémoire avaient traité la personne des citoyens coupables, en 1851 de s'être levés pour la défense de la loi. En possession d'un règlement de procédure qui s'inspirera des droits de chacun, le gouvernement général va pouvoir reprendre l'œuvre arrêtée, et nous ne doutons pas qu'à courte échéance il n'en finisse avec ces préliminaires qui lui permettront de pousser avec activité, sur tous les points de l'Algérie, la constitution de la propriété individuelle en pays de collectivisme.

V.

Les modifications de certaines des dispositions faisant partie de la loi de 1873, portent sur ses articles 14, 18, 19, 25 à 28, 30 et 21, et forment les articles 5, 6, 7 et 22 du projet de réforme.

L'article 19 oblige le créancier hypothécaire, ou tout prétendant à un droit réel, de faire transcrire une seconde fois son contrat en insérant le nom patronymique attribué à l'indigène, si ce nom ne se trouve pas dans le contrat d'origine, et sanctionne par la déchéance du droit de suite et de préférence le non accomplissement de cette formalité. Une disposition aussi radicale n'est ni rationnelle, ni équitable, car le créancier n'est mis en garde contre la déchéance si rigoureuse par aucune mise en demeure, et, d'un autre côté, on ne voit pas la nécessité de faire transcrire à nouveau le droit avant que le titre de l'indigène ait été, lui-même, soumis à cette formalité. — Le nouvel article 6 remédie à ce grave inconvénient de porter atteinte à des droits acquis, en accordant un délai limite de 45 jours après la transcription du titre de propriété, délai après lequel le droit réel ne sera plus conservé sur l'immeuble. — Ce délai expiré, l'accomplissement tardif de la formalité ne produira son effet qu'à partir de sa date sans rétroagir à celle de la première inscription.

Tout en approuvant cette nouvelle rédaction, offrant des garanties plus sérieuses que celles de l'article 19, nous aurions voulu une disposition moins absolue. Le but c'est de ne pas permettre l'existence de nombreuses hypothèques qui, en raison de la confusion créée par la similitude des noms indigènes entre eux, grèveraient, en apparence, des propriétaires absolument étrangers à la créance, ce qui serait une source de frais considérables et de difficultés pour le paiement du prix. Le nom patronymique n'a été imposé que pour faciliter les transactions, les rendre sûres, et permettre d'établir nettement l'origine de la propriété, car c'eût été aller à l'encontre du but que de ne pas apporter la même précision et la même clarté dans la conservation des droits réels affectant les immeubles attribués.

Mais ceci reconnu sans la moindre difficulté, nous demandons pourquoi la déchéance absolue par la prescription extinctive de 45 jours, à partir de la transcription du titre ? Ce sont les droits des tiers, non ceux des propriétaires, que l'ancien article 19, que le nouvel article 6 veulent mettre à l'abri. Eh bien ! n'eût-il pas été préférable, appliquant cette théorie, de dire que les droits réels seraient prescrits, non dans les 45 jours de la transcription du titre de propriété, mais dans ce même laps de temps, à dater de la transcription de tout contrat d'aliénation ou de constitution de droits réels ? En résumé, ce serait quelque peu revenir sur le système antérieur à la loi du 23 mars 1855, au grand avantage des créanciers, et sans inconvénients pour personne.

C'est toujours chose grave que de toucher à des droits légalement acquis. Il ne faut le faire que sous l'empire d'une nécessité d'ordre public, et dans ce cas, entre tous les modes, donner la préférence à celui qui atteindra le but avec le moins de dommage pour le créancier. Nous le répétons, ce qui est en jeu ici, c'est la facilité et la sécurité de la transaction. La rédaction que nous proposons n'y fait nul obstacle et donne aux droits, garantis par la loi du 23 mars 1855, une plus grande garantie. Nous proposons donc de rédiger l'article 6 comme suit :

« Un délai complémentaire de 45 jours, à » partir de la transcription des actes soumis à » cette formalité par les articles 1 et 2 de la loi » du 23 mars 1855 est accordé... » le reste comme dans le projet.

Les modifications des articles 25, 26, 27, 28 et 30, consacrées par l'arlicle 7 du projet, sont des plus heureuses et des mieux combinées. A des formalités d'insertions dans les journaux, de dépôt au parquet, de publications par voie de placards, toutes opérations peu de nature à attirer sûrement l'attention des intéressés, alors que ceux-ci sont des gens aussi illettrés, aussi insouciants que les Indigènes, l'article 7 ajoute des opérations matérielles sur le terrain, devant forcément mettre en garde les ayants-droit, et les constituer en demeure de se prémunir et de se défendre.

Sous l'empire des articles de la loi de 1873, que le nouvel article 7 tend à remplacer, le vrai propriétaire pouvait être dépouillé de ses droits sans sortir de sa quiétude. Ainsi, il suffisait que

l'acquéreur eut fait insérer deux fois, à un mois
d'intervalle, l'extrait de son acte d'acquisition
dans le *Mobacher* et un journal de l'arrondissement de la situation des biens, et en ait fait
opérer le dépôt au parquet du procureur de la
République de ce même arrondissement, pour
que trois mois après ces insertions et ce dépôt,
« toute personne ayant à revendiquer tout ou
» partie de la propriété vendue, ayant d'après le
» droit musulman un droit réel sur l'immeuble,
» ou prétendant l'un des droits énoncés en l'ar-
» ticle 2 de la loi du 23 mars 1855, tout vendeur
» ou acquéreur à réméré... » fût déchu de son
privilège, et vit son droit réel transformé en une
simple créance chirographaire, s'il n'avait fait sa
réclamation dans ce délai et dans les formes déterminées.

A cette procédure un peu broussailleuse et ne
présentant que de trop médiocres garanties pour
ne pas être insuffisantes et partant illusoires,
l'article 7 substitue les opérations effectives du
bornage.

Deux extraits de l'acte authentique d'acquisition, avec plan à l'appui, devront être déposés
l'un à la Direction des domaines, l'autre au
greffe de la Justice de paix de la situation des
biens à fin de bornage. Avis de celui-ci sera
donné par le greffier, 20 jours avant le commen-
cement des opérations, dans les journaux, et
au moyen des placards arabes et français, appo-
sés dans les principaux marchés de la tribu. Au
jour dit, transport du magistrat sur les lieux, et
les intéressés seront admis à faire, dans son
procès-verbal, toutes les revendications utiles. La
clôture du procès-verbal sera publiée dans les
formes indiquées ci-dessus pour l'avis du borna-

ge, et les tiers qui n'auraient pas fait leurs réclamations dans le procès-verbal, auront un délai supplémentaire de 45 jours, à dater de la clôture, pour formuler leur prétention. Ce nouveau et dernier délai écoulé, la prescription sera encourue.

Les formalités antérieures et postérieures aux opérations de bornage accomplies et les délais expirés, l'administration des domaines délivrera le titre conformément aux dispositions de l'article 30 de la loi de 1873, au vu d'un certificat négatif du juge de paix.

Tel est le résumé de ces dispositions nouvelles s'adaptant mieux que les anciens articles du titre III à la sauvegarde des droits qu'elles ont pour mission de garantir.

Nous félicitons le Gouvernement général de cette innovation si pratique : l'intervention du juge satisfait à toutes les exigences et répond d'avance à toutes les critiques d'exécution.

Nous ferons pourtant deux observations.

Au lieu de faire courir le second délai de 45 jours de la clôture du procès-verbal, on ne devrait lui faire prendre date qu'à partir de l'apposition des placards. Il faut nécessairement que cette période, à l'expiration de laquelle la déchéance sera encourue, appartienne en entier aux tiers intéressés à contredire. Tant que les formalités de publicité ne sont pas remplies, on ne saurait équitablement donner un point de départ à un délai qu'il peut dépendre de la négligence d'un greffier de réduire dans de grandes proportions. Nous pensons, du reste, que l'on pourrait sans inconvénients aucuns, renoncer à cette seconde publicité que nous considérons comme inutile et coûteuse.

En second lieu, lorsque des réclamations se produiront, les intéressés seront renvoyés à se pourvoir devant les tribunaux ordinaires, car il ne faut pas perdre de vue qu'il s'agit ici de biens melk. L'article 29 de la loi de 1873 continuerat à demeurer applicable ; or, nous pensons que ce article doit subir, à son tour, un remaniement·

Le législateur de 1873 a, pour ainsi dire, dépouillé l'acquéreur de toute initiative de résistance, et ne paraît lui avoir laissé l'option qu'entre se soumettre aux réclamations, ou délaisser l'immeuble acquis, sous la réserve d'un droit de créance contre le vendeur. Bien plus, ce dernier a seul la faculté d'introduire l'action dans le mois de la notification des réclamations « à peine de la résiliation de la vente. »

On sent combien un pareil système est défectueux, car il ne tient nul compte de la situation de l'acquéreur. Supposons un vendeur ayant reçu son prix, — et cette hypothèse se présente fréquemment dans la pratique : — il lui suffira de s'entendre avec un compère pour faire tomber la vente, en offrant son insolvabilité pour unique compensation à son acquéreur.

Il faut se hâter de faire disparaître une disposition aussi vicieuse, et restituer à l'acquéreur les droits qu'il tient de son contrat et de la loi. Le réclamant devra être tenu de faire valider sa prétention en saisissant la justice dans un délai à déterminer, et ce, à peine de forclusion, et l'acquéreur pourra, de son côté, sans être enchaîné à son vendeur, demander la main-levée, aux périls et risques de qui il appartiendra. Laisser intact l'article 29, ce serait, nous le répétons, consacrer la négation des droits de l'acquéreur, et mettre celui-ci à la merci d'une collusion possible.

Ainsi donc, la conservation de tous les droits d'un propriétaire, d'un créancier hypothécaire était subordonnée à des formalités dont aucun des actes ne s'adressait à sa personne, et qu'il était tenu de connaître en lisant des journaux ou des affiches publiées dans les marchés, ou en allant, à l'aventure, dans les prétoires de justices de paix ou des cadis lire les registres des dépôts tenus, bien souvent, d'une façon très irrégulière. Une partie, et non la moins essentielle de ces formalités de publicité, était livrée, sans contrôle, aux cadis ; c'est dire quels monstrueux abus le système depurge du titre III de la loi de 1873 pouvait couvrir dans la pratique.

Nous arrivons maintenant à l'article 22 du projet, qui statue sur les voies et moyens.

L'article 33 du décret du 23 mai 1863 mettait à la charge des tribus et des douars « au prora- » ta du montant de leurs impôts » les frais de la constitution de la propriété. L'article 24 de la loi du 26 juillet 1873, pose le même principe, et met au débit du budget des centimes additionnels des tribus « les dépenses de toute nature nécessi- » tées par la constatation et la constitution de la » propriété individuelle... »

Un décret du 27 juillet 1875 a fixé la quotité de ces centimes.

Pour assurer l'exécution de la loi de 1873, le général Chanzy avait passé un marché de 10 ans, dit marché des levés généraux. Ce marché expire dans quelques jours, et les frais faits ont laissé un écart de 1,560,000 francs entre les centimes additionnels perçus et les dépenses faites. Le Parlement a refusé de prendre ce déficit au compte du Trésor, et n'a consenti à mettre la somme à la disposition du Gouvernement général qu'à titre d'avance remboursable.

Tels sont les précédents de la question.

Dans l'article 22 du projet, destiné à remplacer l'article 24 de la loi de 1873, le Gouvernement général propose d'ouvrir au budget un compte spécial d' « avances au Service de la Propriété indigène de l'Algérie... » et d'alimenter ce compte, dont le premier article est la dette de 1,560,000 francs contractée envers l'Etat, à l'aide des ressources suivantes :

1° De centimes additionnels établis par le décret de 1875, mais seulement pendant les années 1885, 1886, 1887 ;

2° De centimes additionnels, à l'impôt, dans la proportion des superficies des propriétés constatées et constituées dans les douars ;

3° Des sommes que l'Etat et les communes seront tenus de payer pour les propriétés qui leur ont été ou leur seront attribuées ;

4° De sommes à payer par les communes pour les frais de levés des communaux indigènes constitués et incorporés.

Un décret déterminera le tarif par hectare des sommes à payer en conformité des paragraphes 2, 3 et 4 ci-dessus.

Ce système peut se résumer ainsi : les centimes additionnels payés par toutes les tribus du Tell, pour la constitution de la propriété, continueront à être perçus pendant une période d'encore trois années. Les douars paieront, tant par hectare, la propriété individuelle ou communale qui sera établie. L'Etat et les communes les frais de reconnaissance des biens qui leur ont été ou leur seront attribués.

Le maintien des centimes additionnels spéciaux s'impose dans l'état actuel des choses, et la période fixée de 3 années est loin de nous paraître excessive. Il faut faire face à la dette de 1,560 mille francs, dette contractée sur les ressources mises à la disposition de l'Administration par l'article 24 de la loi de 1873. Les centimes additionnels doivent, ils sont tenus de payer. Rien de plus normal.

Si l'on veut adresser une critique rétrospective au système inauguré par le décret de 1863, et continué par la loi de 1873, nous dirons que, d'un côté, il était juste de faire supporter les frais nécessités par la constitution de la propriété, par ceux-là mêmes à qui elle bénéficierait et pour lesquels elle était un don gracieux de l'Etat ; de l'autre, que dans le but de la loi, cette constitution devant se produire pour tous dans un délai aussi rapproché que possible, tous les indigènes contribuant annuellement à une charge imposée au profit de tous, cette charge se trouverait en fin de compte individualisée. Voilà pour le passé.

Convenait-il de continuer, dans l'avenir, les errements du décret de 1875 ? Le Gouvernement général en a pensé autrement, et il faut reconnaître que les raisons qui ont déterminé sa résolution sont des plus sérieuses.

Le législateur de 1873 avait cru qu'il était possible d'étendre à tout le territoire algérien le bienfait de la constitution de la propriété, et la meilleure preuve de cette croyance se trouve dans l'article 34 de la loi du 26 juillet. Mais lorsque la pratique permit une étude méthodique des questions soulevées par le Sénatus-Consulte de 1863, on se rendit compte que nos tribus saha-

riennes ne pourraient, pour bien longtemps du
moins, bénéficier de la loi de 1873, leurs terrains de libre parcours n'étant pas susceptibles
d'une appropriation privée. Alors s'est posée cette
question d'équité et de justice que l'on ne pouvait
faire contribuer ces tribus au paiement des dépenses nécessitées par une constitution territoriale
qui ne pouvait ni ne devait leur profiter même
indirectement.

C'eût été consacrer une injustice criante que
de proroger l'exécution du décret du 27 juillet,
au delà des limites nécessaires pour assurer le
paiement des sommes empruntées au Trésor
sous sa garantie, et nous félicitons le gouvernement général d'avoir abandonné, quel que fût le
bénéfice à en retirer, de telles pratiques finan-
cières, et d'avoir cherché ailleurs les ressources
indispensables à l'exécution de la loi.

Ces ressources, il les a trouvées dans l'application de cette idée très saine que ceux-là seuls auxquels profite directement l'établissement de la
propriété doivent supporter les dépenses de sa
constitution : à tous égards, quoi de plus rationnel !

Mais c'eût été rompre l'équilibre, en équité,
que de disposer seulement pour l'avenir, en
laissant le passé indemne : Les indigènes dont
la propriété a été constituée, y eussent trouvé
leur compte, mais au détriment de ceux pour
lesquels on n'a encore rien pu faire, et qui cependant ont acquitté leur part dans les centimes
annuels. L'économie des paragraphes 2, 3 et 4
pourvoit à cet inconvénient, qui eût singulière-
ment augmenté les frais de revient pour les non
constitués, en appliquant rétroactivement les
dispositions de l'article 22.

En appelant, sans distinction et sans exception, tous les propriétaires à contribuer à la dépense, en prenant pour assiette la superficie du lot attribué, ou à attribuer à chacun, le gouvernement général a maintenu l'équilibre dans le passé, et diminué la quote-part de chacun dans l'avenir.

Suivant ce nouveau système, l'Etat et les communes qui jusqu'ici avaient échappé au paiement de toute taxe, seront soumis à la contribution avec rappel depuis 1874. Même règle pour les individus. C'est là une combinaison économique, atteignant le but, et ayant pour base la justice et l'équité.

Quant aux membres des douars, leur quote-part individuelle est transformée en un impôt constitué par des centimes additionnels. Nous pensons qu'on ne saurait autrement faire. Il ne faut pas songer à frapper chaque lot d'une contribution représentative des dépenses, et faire de cette contribution l'objet d'une charge de la propriété conservée par une inscription d'office. Le considérable fractionnement du sol, rapproché de l'indivisibilité de l'hypothèque créerait aux particuliers et à l'Etat des difficultés dont la facilité des transactions se ressentirait fatalement. Le douar représente une agglomération ayant son origine dans un auteur commun ; la contribution a pour fondement la cessation d'une indivision onéreuse et revêt ici le caractère d'une dépense familiale.

VI

Le projet de loi ajoute à la loi de 1873 deux dispositions nouvelles d'une importance capitale et que nous allons examiner successivement.

Fait en haine de la colonisation contre laquelle il était spécialement dirigé, le Sénatus-Consulte de 1863 contenait, dans son article 6, la défense d'acquérir les terres dont l'Etat gratifiait les Indigènes avant la délivrance du titre individuel, délivrance que les formalités compliquées, édictées par le décret du 23 mai 1863 ne permettaient de faire que dans un avenir fort éloigné. De cette façon on entravait la libre circulation des terres et on maintenait, en fait, le régime de prohibition de l'article 14 de la loi du 16 juin 1851, abrogé platoniquement par ce même article 6.

Les explications fournies par M. de Casabianca, dans son rapport au Sénat, sur les motifs qui avaient déterminé la Commission, ne laissent aucun doute sur l'esprit qui animait le Sénat impérial et sur le but poursuivi par le gouvernement. — Protéger les Indigènes contre les colons, sous le prétexte aussi injurieux qu'hypocrite d'empêcher des spéculations éhontées. Et sait-on le but atteint ? Ce sont les spéculateurs qui ont bénéficié de la prohibition, tandis que les vrais colons ont été écartés et ont dû acheter de seconde main avec une énorme majoration. — Si on avait respecté l'économie de nos lois civiles, et maintenu la liberté des transactions, aux périls et risques de chacun, on n'aurait pas édifié des fortunes scandaleuses sur la ruine des indigènes et des cultivateurs.

Quoi qu'il en soit, l'article 6 du Sénatus-Consulte de 1863, destiné à entraver l'expansion de la colonisation, a répondu à l'attente de ses auteurs. Appelée à l'interpréter, la Cour d'Alger, par un arrêt du 2 février 1880, en a renforcé l'application en décidant implicitement que la vente faite avant le titre définitif devait être considérée comme la vente de la chose d'autrui frappée de nullité par l'article 1599 du code civil. Et, il faut le reconnaître, en décidant ainsi, la Cour n'a fait qu'appliquer l'esprit et la lettre de la loi.

Un pareil état de choses devait frapper l'attention de l'administration actuelle et éveiller sa sollicitude : d'un côté, il pouvait lui paraître dangereux de proclamer la liberté absolue, et cela dans la crainte de fraudes dont les acheteurs eussent été les victimes; de l'autre, il ne lui était pas possible de maintenir les rigueurs de l'article 6, passé dans la loi de 1873, par suite d'une déclaration formelle du rapporteur Warnier au sein de la Commission. Il fallait donc chercher une combinaison pour donner satisfaction aux intérêts en présence. Cette combinaison a été fort heureusement trouvée, et les articles de 8 à 11 du projet indiquent une série de mesures aussi rapides que peu compliquées, permettant de se soustraire, sans danger, à la tyrannique illégalité de l'œuvre impériale.

Une promesse de vente authentique peut intervenir, au profit d'Européens seulement, pour les terres sur lesquelles les opérations de constitution n'auraient pas eu lieu. Dans le délai de trois mois, à peine de nullité de la promesse, le vendeur doit se mettre en instance auprès de l'administration pour obtenir le titre de sa propriété. Saisie par une requête, appuyée d'un extrait de l'acte notarié, l'administration devra opé-

rer avec rapidité. Les délais sagement impartis,
tout en garantissant les droits des tiers, permet-
tent de conduire l'opération jusqu'au bout dans
une période de quatre mois.

La réforme que nous venons d'analyser est, en
raison de la situation faite par l'arrêt du 2 février
1880, des plus importantes, et marque, au bon
coin, les tendances si nettement colonisatrices de
l'administration algérienne. Au lieu d'attendre
que toute une tribu soit reconnue et divisée en
douars : au lieu de se subordonner à la suddivi-
sion générale des terres du douar entre tous les
membres, les articles 9 à 11 du projet permet-
tent de détacher telle ou telle parcelle de l'indivision qui ronge l'indigène et anémie la colonie.
Si le législateur de 1873 avait pu penser à cette
réforme, la colonisation rayonnerait aujourd'hui
sur bien des territoires qui lui sont encore fer-
més.

Nous donnons une approbation sans réserve
aux mesures soumises au Sénat par le Gouvernement général de l'Algérie, et nous augurons de
leur application une progression considérable
dans les transactions entre indigènes et européens.
On ne pouvait, à notre avis, tourner plus heureusement la difficulté.

Il nous paraît, cependant, que sur un point le
projet eût pu se montrer un peu plus pratique,
en concédant à l'acheteur, aussi bien qu'au vendeur, la faculté de saisir l'administration et de
mettre en mouvement le commissaire enquêteur.
Nous ne voyons pas de raisons déterminantes pour
laisser au seul vendeur le pouvoir d'annuler la
promesse de vente en n'adressant pas la requête
dans les trois mois de la date de l'acte. C'est introduire sans nécessité apparente, au profit des

vendeurs indigènes, une clause purement potestative qui peut être la source de difficultés et de mécomptes pour l'acheteur. Un seul mot dans l'article 8 du projet suffirait à rétablir une égalité désirable entre les deux parties.

Nous voici en présence de la deuxième disposition.

Les articles 12 à 21 du projet de loi réglementent le partage amiable et la licitation judiciaire des biens Melk.

On sait que si les terres Arch sont collectives entre les membres d'une même tribu, les terrains Melk sont indivis entre les membres de la même famille, et étant donné le régime des successions musulmanes et l'agglomération des générations de successeurs, on se rend facilement compte combien sont nombreux les co-propriétaires, et par quels infiniments petits se chiffrent les droits de la plus part d'entre eux sur la même terre, parfois d'une très faible superficie. Cette indivision a été depuis 1863 le seul obstacle qu'aient rencontré les transactions. Les terres melk se trouvaient placées, depuis cette époque, à un degré d'infériorité par rapport aux terres arch qui, elles, pouvaient au moins sortir du communisme de la tribu par l'attribution individuelle.

La loi du 26 juillet 1873, en créant une purge spéciale, avait fait une première brèche, et donné des garanties à l'acquéreur. Mais pour bénéficier des dispositions du titre III de la loi précitée, il fallait l'accord de tous les co-propriétaires, sans en excepter un seul, ou, à défaut, recourir à une licitation, mesure fort coûteuse, et vue, à juste raison, avec peu de faveur par les tribunaux, car elle avait pour première conséquence la ruine de la famille indigène qui ne pouvait, faute de ressources, prendre part aux enchères, et dont le plus clair de l'avoir était absorbé par les frais énormes de la poursuite judiciaire. Aussi, toutes les fois que les tribunaux se trouvaient en présence d'acquisitions de parts infimes, ce qui indiquait que la licitation avait été l'objectif poursuivi par l'acheteur, ils repoussaient la demande. Ce n'était pas rigoureusement légal, mais, il faut bien le reconnaître, c'était humain.

L'administration avait le devoir de se préoccuper de cette situation : c'eût été présenter au Parlement une œuvre incomplète que de ne pas lui soumettre les moyens les plus propres à faire cesser cette indivision, cause principale de l'absence absolue de crédit qui frappe les Indigènes, et du peu de progrès faits depuis la conquête par leurs procédés de culture. La propriété doit être individualisée et libre, sans cela la propriété n'existe, ni au point de vue de l'intérêt particulier, ni au point de vue de l'intérêt social dont elle est l'émanation.

« Nul ne peut être contraint à demeurer dans » l'indivision » proclame l'article 815 du Code civil. C'est ce principe si essentiellement économique constituant un des fondements de notre propriété qu'il fallait appliquer aux Indigènes.

Mais sortir de l'indivision coûte cher, soit que l'on adopte le partage, soit que l'on recoure à la licitation. Les frais eussent été d'autant plus considérables que, dans notre cas, et il est nécessaire d'y insister, les co-partageants sont toujours très nombreux, et que ce nombre est hors de proportion avec l'étendue, ou la valeur de la terre à partager.

Donc, si on voulait rester équitable, et ne pas transformer l'application d'un principe en une cause de ruine, il fallait offrir un avantage aux co-propriétaires pour les engager à liquider entre eux, ou tout au moins si l'entente n'était pas possible, créer un état légal moins onéreux que celui de notre code de procédure civile, et de notre tarif de frais judiciaires.

Le projet de réforme actuel a-t-il atteint ce double but ? C'est ce qu'il va être facile d'apprécier par le rapide examen de dispositions qu'il consacre à la solution des difficultés que nous venons d'entrevoir.

L'article 12 circonscrit le champ d'application : La propriété melk doit être, tout d'abord, constatée par la voie administrative pour qu'il y ait lieu, pour une seule et première fois, à partage ou à licitation. Cela ne contraint pas les co-propriétaires à rester, *hic et nunc*, indivis avant cette reconnaissance, mais au cas où celle-ci n'aurait pas eu lieu les formalités de droit commun seront seules applicables.

Cet article 12, autour duquel pivote toute la réforme du partage, a pour but de déblayer le terrain et des compétitions relatives aux droits de propriété, et des difficultés quant au quantum de la part de chacun des co-propriétaires. Ce sont là, en matière de partage, les deux points les plus délicats, et les plus compliqués.

Cette situation apurée, les parties, si elles sont capables d'aliéner, peuvent procéder au partage devant notaire : s'il se trouve, parmi elles, des absents ou des incapables, le partage pourra avoir lieu, dans les mêmes formes, avec le concours de leurs représentants légaux, sauf homologation obligatoire par le tribunal civil, sur conclusions écrites de Procureur de la République.

Cette solution se heurte à l'article 838 du Code

civil obligeant, en pareil cas, au partage judiciaire. Pour notre compte, nous voudrions voir
l'article 838 remplacé dans notre Code par une
disposition analogue à celle de l'article 14 du
projet soumis au Sénat. Au moins, dans les petits
et moyens partages, la loi ne dépouillerait pas
les orphelins, sous prétexte de leur accorder une
protection exagérée.

Au cas de désaccord entre les parties, le projet autorise la licitation dans les formes prévues
par les articles 966 et suivants du Code de procédure civile, mais avec deux tempéraments importants.

Le premier consiste à nommer un représen-
tant unique aux défendeurs en licitation, nomi-
nation à faire par le juge de paix de la situation
des biens. Il n'y aura, ainsi, qu'une seule assi-
gnation, et qu'une seule signification au juge-
ment. Pour le deuxième, on exige que tous les
défendeurs soient représentés par un seul avoué.
Sauf, cependant, s'il y avait entre les défendeurs
des intérêts opposés, auxquels cas il serait désigné autant de mandataires spéciaux et, par voie
de conséquence, autant d'avoués qu'il y aurait de
groupes à intérêts distincts et opposés.

L'article 20 promet un abaissement du tarif.

Si importantes que soient les modifications
que nous venons d'analyser, elles ne seraient
qu'un insuffisant palliatif si cet article 20 ne
tenait pas tout ce qu'il fait espérer.

Pour notre compte, en constatant combien
sont sérieuses et pratiques les modifications proposées par le gouvernement général, nous les
eussions préféré plus radicales, afin d'obtenir une
plus grande économie dans les frais. Nous eussions voulu voir confier les licitations à la juri-

diction des juges de paix, en chargeant les greffiers du soin de dresser le cahier des charges. Les avoués sont très occupés, et en les obligeant à des procédures à prix réduit, alors qu'ils y consacrent le même temps et y engagent la même responsabilité que dans les procédures similaires de droit commun, on ne se montre pas équitable vis-à-vis d'eux, tandis que les greffiers, peu occupés dans la plupart des justices de paix, eussent trouvé un bon emploi de leur temps et une rémunération qui eût augmenté les maigres profits de leurs offices. Ajoutons que les rôles de tribunaux de paix étant moins encombrés, il y eût eu une plus grande célérité dans l'expédition. Terminons en constatant qu'aucune complication n'est à craindre, les droits des co-propriétaires et la quote-part de propriété de chacun d'eux devant être, au préalable, définitivement réglés aux termes de l'article 12.

Le projet nous paraît contenir une lacune. Une fois la licitation faite, il faut distribuer le prix. Comment se fera cette distribution ? Faudra-t-il recourir à un partage, puis à un ordre ? Le procès-verbal préalable à dresser en vertu de l'article 12 du projet, et en conséquence du deuxième alinéa de l'article 11 de la loi de 1873, tiendra-t-il lieu de partage ? Quant à l'ordre, ne devant consister qu'à la simple délivrance du bordereau de collocation, ne pourrait-il être confié au Juge de paix ? Autant de questions qu'il eût été désirable voir posées et résolues par le projet, car si nous devons revenir au droit commun après la licitation, les réformes proposées seraient en grande partie annihilées. Mais hâtons-nous de le reconnaître, ce sont là des points de détail dont l'absence ne nuit en rien à l'harmonie du projet dont toutes les parties se tiennent et forment un tout fort homogène.

VII

Pour sortir un instant du projet du 4 décembre 1884, sans pour cela abandonner la question de la propriété indigène, il nous faut dire que la constitution de cette propriété avorterait dans un avenir peu éloigné, si on ne se décide à mettre résolument la main à l'état civil des indigènes. Dans un remarquable discours dont M. Jacques est coutumier, prononcé au Sénat, dans sa séance du 23 février 1885, M. le Sénateur d'Oran a démontré victorieusement que propriété et état civil se tenaient d'une façon si intime que l'une ne pouvait marcher sans s'appuyer sur l'autre.

En effet, que deviendra la propriété constatée ou constituée lorsque l'indigène, sur la tête duquel elle aura été assise, viendra à mourir ? Le nom patronymique sous lequel cet indigène aura été désigné dans le titre ne passant pas à ses héritiers, on retombera dans le chaos dont nous avons tant de mal à sortir. Ce sera donc l'éternel rocher de Sisyphe, et il n'y aura jamais de sécurité pour cette propriété destinée à retomber dans ses vices d'origine à chaque transmission entre indigènes.

Il faut donc en finir avec cette question, et se plaçant résolument en face des nécessités qui s'imposent, il est nécessaire que l'Etat fournisse, sans marchander, toutes les ressources dont l'administration algérienne a besoin pour mener à fin cette œuvre d'un mécanisme si délicat et si compliqué.

Le budget de 1886 porte un crédit de 100,000 francs au lieu des 300,000 demandés. Cette somme sera vite épuisée, et il ne faut pas s'arrêter en chemin une fois l'impulsion donnée.

Nous n'avons pas l'intention d'entrer dans l'examen, même superficiel, de cette question de transformation du peuple indigène, et notre but a été seulement d'indiquer la nécessité de faire marcher de front cette indispensable innovation avec la constitution de la propriété dont elle est l'élément complémentaire.

Il est une autre réforme, d'un caractère plus grave et plus délicat, que nous voudrions voir aborder, c'est celle relative au remaniement des règles régissant les successions musulmanes, en désaccord si complet avec les prescriptions de notre loi civile.

Comme tous les peuples à leur naissance, la société musulmane s'est formée par une forte constitution à la famille, répondant à ce besoin de défense et de protection que le pouvoir ne pouvait accorder à l'individu. A cette vigoureuse concentration répondait toute une organisation intérieure, de laquelle est née l'idée de co-propriété de tous les membres issus d'une source commune sur l'ensemble des biens composant le patrimoine familial.

C'est sur cette idée que s'est fondé l'ordre successoral chez les musulmans, tout comme cette même idée avait donné naissance à l'ordre de succession chez les Germains. Mais aujourd'hui, les nécessités de la réunion, en un seul faisceau, n'existent plus, surtout depuis la conquête, et avec les causes doivent aussi disparaître les effets.

La réforme consistant à étendre aux Indigènes nos lois sur les successions rencontrerait-elle des obstacles sérieux chez le peuple musulman soumis à notre domination? Nous le ne pensons pas, et croyons fermement, au contraire, que cette modification à leur statut serait accueillie avec faveur par ceux qui étant les vrais héritiers suivant les lois de l'association, comme la femme, ou la loi du sang, comme les enfants, sont dépouillés d'une partie de leurs droits au profit d'un grand nombre de successibles imposés en vertu d'une coutume surannée.

Le régime de toute propriété, digne de ce nom, est subordonné à de bonnes règles sur la transmission. La loi de 1873, modifiée par le projet déposé le 4 décembre 1884, pourvoit aux aliénations entre vifs, la réglementation de l'état civil, et la loi sur les successions doit pourvoir aux transmissions pour cause de mort. Il est temps de faire de l'article 3 du Code civil une vérité en Algérie.

VIII

Tel est le projet de réforme soumis par le Gouverneur général de l'Algérie aux délibérations du Sénat. — Nous avons essayé, sans y parvenir complètement, d'en mettre en lumière les points saillants. — Conserver la loi de 1873, en en corrigeant les défectuosités révélées dans son application, tel a été le point de départ adopté. Pour ce qui nous concerne, nous préférons cette méthode à celle consistant à faire table rase et des dispositions législatives et des enseignements du passé.

Nous ne doutons pas, qu'à part quelques modifications dans les détails, le Parlement ne donne son approbation au projet soumis à sa sanction. Il ne se laissera pas certainement séduire par les théories de l'égalité absolue entre les deux propriétés melk et arch, et il n'adoptera pas, pour cette dernière, l'application du droit commun contraire à son origine et à la tradition historique. Nous voulons d'autant moins récriminer contre les défenseurs de ce système que nous les savons d'honnêtes gens, aimant l'Algérie, mais nous nous permettrons de leur dire avec tout le respect que nous inspire leur caractère, que si, par malheur, ils venaient à triompher, leur succès retarderait de 50 années la constitution de la propriété indigène. L'expansion coloniale serait enrayée, et le peuple conquis, sans ressources et sans crédit, mourrait de misère sur un sol qu'il serait incapable à faire fructifier.

Nous avons la ferme espérance que la discussion éclairera ces gens de bonne foi, portant à l'Algérie un intérêt dont personne ne doute, et qu'au dernier moment, ils seront à côté de l'honorable M. Fournier, rapporteur, de M. Jacques, l'un des promoteurs, et de M. le Gouverneur général Tirman, pour défendre, à la tribune du Sénat, un projet qui marquera d'une étape décisive l'essor de la colonie algérienne.

Édouard VIVIANI

www.ingramcontent.com/pod-product-compliance
Ingram Content Group UK Ltd.
Pitfield, Milton Keynes, MK11 3LW, UK
UKHW020025080726
13614UKWH00004B/1570